글 예영

만화, 동화, 교양서 등 다양한 분야의 어린이책을 쓰고 있어요.
글 쓰는 게 가장 힘들고 어려우면서도 글 쓸 때가 가장 즐겁고 행복하답니다.
쓴 책으로 『칸트 아저씨네 연극반』, 『닭답게 살 권리 소송 사건』, 『존리의 금융 모험생 클럽』,
『냥 박사와 바이러스 탐험대』, 『코피 아난 아저씨네 푸드 트럭』,
『어린이를 위한 법이란 무엇인가?』 등이 있습니다.

그림 케나즈

웹툰 및 만화 콘텐츠 전문 창작 스튜디오입니다.
내부 스토리 연구소에서 상상력이 넘치는 이야기를 만들고
그 이야기를 다양한 분야의 작가님들과 함께 만화로 구현해 내고 있습니다.

⑤ 경제를 구해 줘!

초판 1쇄 발행 2025년 12월 1일 | **글** 예영 | **그림** 케나즈
발행인 윤승현 | **편집장** 안경숙 | **편집관리** 최새롬 | **편집** 황지영 | **디자인** 알토란 손희호
마케팅 정지운, 박현아, 김지윤 | **제작** 신홍섭
펴낸곳 (주)웅진씽크빅 | **주소** 경기도 파주시 회동길 20 (우)10881 | **문의** 031)956-7440(편집), 031)956-7569, 7570(마케팅)
홈페이지 www.wjjunior.co.kr | **블로그** blog.naver.com/wj_junior | **인스타그램** @woongjin_junior
출판신고 1980년 3월 29일 제406-2007-00046호 | **제조국** 대한민국 | **사용연령** 7세 이상

© CJ ENM Co., Ltd. All Rights Reserved.
글 © 예영, 2025 | 그림 © 케나즈, 2025
저작권자와 맺은 특약에 따라 검인을 생략합니다.

웅진주니어는 (주)웅진씽크빅의 유아·아동·청소년 도서 브랜드입니다. 본 제품은 (주)씨제이이엔엠과의 상품화 계약에 의거해 (주)웅진씽크빅에 의해 제작, 생산되오니 무단 복제 시 민형사상의 법적 책임을 물을 수 있습니다. 이 책 내용의 전부 또는 일부를 이용하려면 반드시 저작권자와 (주)웅진씽크빅의 서면 동의를 받아야 합니다.

ISBN 978-89-01-28962-5 74300 · 978-89-01-27930-5(세트)

• 잘못 만들어진 책은 바꾸어 드립니다.
⚠ 주의 1. 책 모서리가 날카로워 다칠 수 있으니 사람을 향해 던지거나 떨어뜨리지 마십시오. 2. 보관 시 직사광선이나 습기 찬 곳은 피해 주십시오.

5 경제를 구해 줘!

예영 글 | 케나즈 그림

웅진주니어

등장인물

신비
신비아파트에 살며 친구들을 도와 귀신에 맞서는 도깨비. 요술 큐브로 귀신이나 친구들 위치 탐색, 보호막 만들기 등 다양한 요술을 부릴 수 있다.

금비
사투리 섞인 말투가 매력인 도깨비로 신비아파트에 산다. 요술 큐브로 요술을 부리는데, 주특기는 시간을 조종할 수 있는 '시간 요술'로 과거와 현재를 넘나든다.

하리
정의감 넘치는 소녀. 앞장서서 귀신에 맞설 정도로 용감하다. 고스트볼로 승천시킨 귀신을 소환할 수 있다.

두리
하리의 동생으로 누나를 무척 따른다. 겁도 많고 눈물도 많다. 하리처럼 고스트볼을 가지고 있어 승천시킨 귀신을 소환할 수 있다.

강림

하리의 친구이며 퇴마사이다. 퇴마검과 부적이 주무기. 다양한 부적으로 물과 불과 나무 등을 조종하고 마방진을 만들어 귀신을 구속할 수 있다.

현우

하리의 친구이자 수많은 구독자를 가진 괴담 카페 운영자. 카페 회원들 덕분에 귀신 정보력이 뛰어나다.

상인 귀신

고려 시대 상인. 중국으로 고려청자를 팔러 떠났다가 번 돈을 동료에게 빼앗긴 뒤 목숨을 잃었다. 돈을 못 쓰고 죽은 원한으로 사람들을 돈으로 괴롭히기로 결심한다. 잎으로 변신해 날아다니다가 사람들이 욕심을 부리며 "돈돈돈!"을 외칠 때 그 사람이나 물건에 빙의하여 사고를 친다.

차례

1. 돈 걱정에 빠지다!
화폐와 신용

- 신용을 잃은 엄마 | **신용 카드** — 14
- 경찰서에 간 두리 | **위조지폐** — 25
- 돈을 바꾸러 간 남매 | **환율** — 34

2. 펑펑 쓰는 돈
소비와 가격

- 구두쇠가 된 두리 | **현명한 소비** — 44
- 옆집 할머니를 위한 선물 | **착한 소비** — 55
- 혼란에 빠진 벼룩시장 | **가격** — 65

3 위험에 빠진 신비아파트
금융과 재산

주식의 늪에 빠지다 | **주식**   76

화가 난 상인 귀신 | **금융 기관**   87

신비아파트를 지켜라! | **부동산**   98

1

돈 걱정에 빠지다!

화폐와 신용

경제 - 신용 카드

신용을 잃은 엄마

하리와 두리가 등교하고 나서
하리 엄마는 바쁘게 외출 준비를 했어.
"여보, 오늘 회사 쉬는 날인데 어디 가려고요?"
하리 아빠가 궁금해서 물었어.
"화장품 받으려고요!"
엄마는 전단지를 보여 줬어.

다멋져 쇼핑몰 오픈!
오픈 기념으로 고객 100분에게
화장품 세트를 드립니다!

"이 비싼 화장품을 오픈 선물로 준다고?"

"그러니까요! 돈돈돈을 아낄 수 있겠어요."

슝

엄마는 일찍 서두른 덕분에 오픈 선물을 받았어.
"선물도 받았으니 구경 좀 해 볼까?"
평소 같으면 쇼핑에 관심이 없어서 매장을 그냥 지나쳤을 텐데,
오늘은 뭔가에 홀린 것 같았어.

다음 달, 카드 명세서가 집으로 배달되었어.
엄마는 카드 명세서를 보며 땅이 꺼지게
한숨을 쉬더니 구겨서 서랍에 넣어 버렸어.

엄마는 아무것도 아니라면서
경찰복으로 갈아입고 서둘러 나갔어.

두리는 갑자기 뭔가가 생각난 듯 안방으로 달려갔어.
서랍에서 구겨진 종이를 꺼내 하리에게 보여 줬지.
그건 바로 카드 명세서였어. 카드 명세서에는 엄청난 금액이 적혀 있었어.

그때 마침 아빠가 오셨어.
아빠도 엄마의 카드 명세서를 보고 놀라긴 마찬가지였어.

돈이 없는데 어떻게 물건을 살까?

❶ 엄마가 물건을 사고 카드로 결제해.

❷ 가게 주인은 물건값을 카드 회사에 청구해.

❸ 카드 회사는 엄마가 산 물건값을 대신 내 줘.

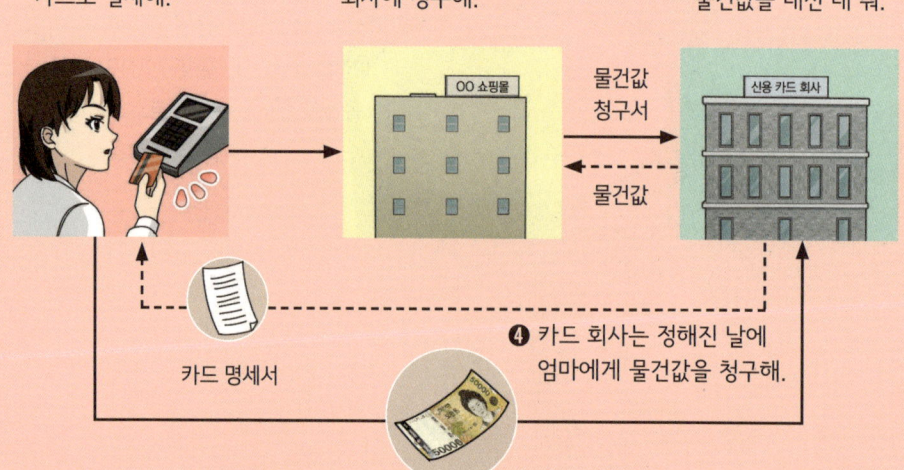

❹ 카드 회사는 정해진 날에 엄마에게 물건값을 청구해.

❺ 엄마는 정해진 날에 카드 회사에 물건값을 갚아야 해.

신용 불량자가 되면?

❶ 카드로 물건을 살 수 없어.

❷ 은행에서 돈을 빌릴 수 없어.

하리 일행은 엄마가 일하는 경찰서의 뒷마당에 떨어졌어.
엄마는 뒷마당 구석에서 두 손으로 귀를 막은 채
괴로워하고 있었어.
"갚을게! 갚는다고! 그만 좀 닦달해!"
하리와 두리가 엄마에게 달려갔어.

"흐흐, 누구 맘대로? 그렇게는 안 될걸."
상인 귀신은 엄마를 내팽개치고
줄기를 앞뒤로 마구 흔들어 댔어.

경제 퀴즈

흐흐, 그냥 갈 수는 없지. 아래 퀴즈의 정답을 맞히면 엄마와 하리, 두리를 모두 깨어나게 해 주지.

1. 신용 카드에 대한 설명으로 틀린 것은 뭘까?

   ① 신용 카드를 만들 수 있는 기본 나이는 만 19세 이상이다.
   ② 신용 카드로 산 물건은 공짜다.
   ③ 카드값을 내지 못해 신용 불량자가 되면 일자리를 구하기도, 외국에 나가기도 어렵다.
   ④ 제때 카드값을 내지 못하면 연체 이자를 내야 한다.

2. 만 12세 이상 어린이도 만들 수 있는 카드가 있어. 카드 이름과 설명을 맞는 것끼리 이어 봐.

① 교통 카드

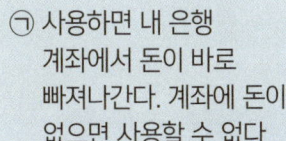

㉠ 사용하면 내 은행 계좌에서 돈이 바로 빠져나간다. 계좌에 돈이 없으면 사용할 수 없다.

② 체크 카드

㉡ 대중교통을 이용할 때 사용한다. 돈을 카드에 미리 충전해서 쓴다.

 **신비의 생생 경제 팁!**

신용은 사람들과의 관계에서도 지켜야 해.
신용 있는 사람은 어떻게 하는지 알려 줄게.

❶ 친구에게 돈을 빌렸다면 반드시 갚아.

❷ 약속 시간에 늦지 않아.

❸ 도서관에서 빌린 책은 기한 내에 반납해.

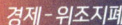

경찰서에 간 두리

"하리 누나랑 형들끼리만 피자 먹으러 가다니…"
두리는 기분이 상해 터덜터덜 걸었어.
그러다가 발밑에 떨어진 지폐를 발견했어.
"우아, 5만 원이네."

어? 돈이다!

이건 혼자서 맛있는 거 사 먹으라는 신의 계시야! 감사합니다!

두리는 돈을 주워 들고 학교 앞 분식집에 갔어.
떡볶이, 순대, 어묵까지 5만 원어치를 시켜 몽땅 먹었어.

두리는 엄마를 따라 경찰서에 갔어.
하리와 강림도 걱정이 되어 쫓아갔지.
경찰서에는 학교 앞 분식집 아주머니가 와 계셨어.

그때 조용히 듣고만 있던 강림이 물었어.
"근데 돈이 위조인지 어떻게 알아요? 보기에는 진짜 같은데."
"우리나라 돈에는 위조 방지 장치가 있어."
아주머니는 5만 원짜리 지폐와 위조지폐를 비교해 줬어.

그때 갑자기 경찰서에 전화가 빗발치듯 걸려 왔어.

위조지폐가 시장에 퍼지면?

❶ 어떤 돈이 진짜인지 믿지 못해 돈을 받지 않는 상점이 생겨.

❷ 위조지폐를 사용한 사람도 벌을 받을 수 있어.

❸ 필요한 물건을 살 수가 없어 경제적으로 힘들어져.

하리 일행은 어느 낡은 건물의 지하실 앞에 떨어졌어.
굳게 닫힌 문 사이로 이상한 기운이 풍겨 나왔지.
아이들이 문을 여니 지폐가 스륵스륵 쉴 새 없이 인쇄되고 있었어.

상인 귀신은 신이 난다는 듯 큭큭거리며 웃었어.
그러나 곧 웃음을 뚝 멈추고 무서운 얼굴로 돌변했어.
"이 돈이 풀리면 나라는 더 큰 혼란에 휩싸일 거야."
강림은 칼을 빼어 들며 매섭게 소리쳤어.
"그런 일이 일어나지 않도록 내가 막을 테다!"

경제 퀴즈

날 공격한 걸 용서할 수는 없지만
아래 퀴즈를 풀면 위조지폐는 사라지게 해 주지.

1. 우리가 지금 사용하고 있는 우리나라 돈의 종류에는 어떤 것들이 있는지 빈칸에 써 봐.

지폐 4종	원,	원,	원,	원
동전 6종	원,	원,	원,	
	원,	원,	원	

2. 다음 중 우리나라 돈에 그려져 있지 않은 인물을 찾아봐.

① 이순신

② 세종 대왕

③ 신사임당

④ 이황

⑤ 단군

⑥ 이이

신비의 생생 경제 팁!

돈이 찢어지거나 불에 타면 은행에서 새 돈으로 교환할 수 있어.
얼마나 받을 수 있는지 볼까?

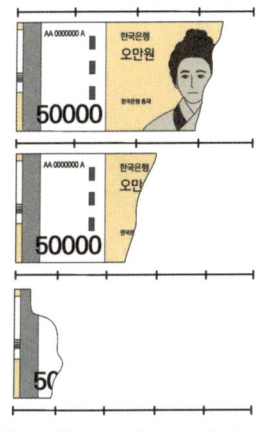

❶ 돈이 3/4 이상 남아 있으면 전액(50,000원)으로 교환해 줘.

❷ 돈이 2/5 이상 3/4 미만 남아 있으면 반액(25,000원)으로 교환해 줘.

❸ 돈이 2/5 이하 남아 있으면 교환되지 않아.

돈을 만들려면 많은 돈이 필요하데이. 훼손되지 않도록 소중하게 다루면 좋겠데이.

경제-환율

돈을 바꾸러 간 남매

"뭐라고요? 어디로 여행 간다고요?"
"지금 저희가 잘못 들은 거 아니죠?"
하리와 두리는 믿기지 않아서 자꾸만 반복해서 물었어.
엄마가 큰 목소리로 또박또박 대답했어.
"엄마가 '시민이 뽑은 우수 경찰'에 뽑혀
포상 휴가로 미국 여행을 가게 되었다고!
그것도 가족이 모두 갈 수 있단다."

하리와 두리는 아빠와 함께 은행에 갔어.
아빠가 남매에게 각각 1만 2천 원씩 줬어.
"자, 경험 삼아 각자 환전해 봐. 아빠는 화장실에 갔다 올게."
"아빠, 저도 같이 가요. 누나, 먼저 환전해."
하리는 혼자 은행 환전 창구로 가서 돈과 여권을 내밀었어.
"1만 2천 원을 미국 돈으로 바꿔 주세요!"
그러자 은행원이 알 수 없는 말을 했어.
"네, 손님! 현재 환율은 1달러에 1,200원입니다."

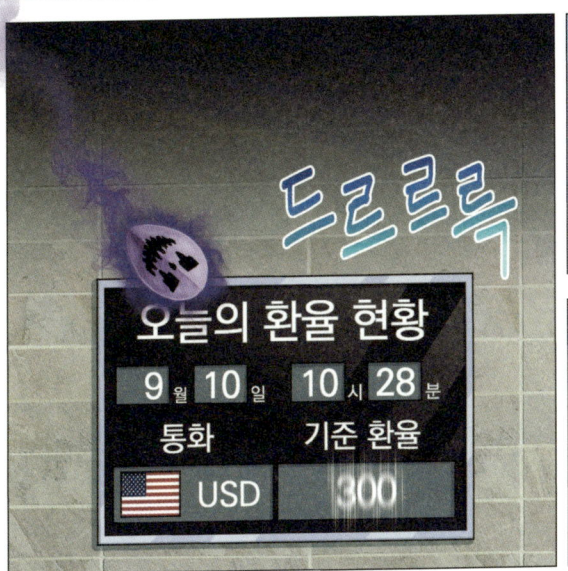

하리가 달러를 적게 받은 일로 씩씩거리는데,
웬 아저씨가 털썩 주저앉으며 울먹였어.
"환율 때문에 망했어. 망했다고."
하리가 왜 그러는지 물었어.
"미국으로 수출해 받을 물건값이 만 달러, 1,200만 원이었는데
환율이 떨어지는 바람에 받을 돈이 순식간에 4분의 1로 줄었지 뭐야."

환마귀는 한 손으로 상인 귀신의 몸통을 잡고
다른 손으로는 귀신의 줄기와 가지를 더듬다가 밑동을 가리켰어.
"찾았다! 환마귀! 거길 공격해 줘."
그 말에 상인 귀신의 표정이 하얗게 질렸어.
"아악! 거기만은 안 돼!"
상인 귀신은 고통스러운 비명을 질렀어.
그러더니 곧 가지를 세차게 흔들어 돈 바람을 일으켰어.

하리와 두리가 동전을 피하려고 팔을 허우적대는 사이,
상인 귀신이 열린 문틈으로 달아나 버렸지.

경제 퀴즈

내가 얌전히 사라져 줄 줄 알아? 아래 문제를 맞혀야 환율이 정상으로 돌아갈 거야.

다음 세계 여러 나라의 돈과 설명을 맞는 것끼리 찾아 이어 봐.

①

㉠ 영국의 돈은 '파운드'이고 '£'로 표시한다. 돈 앞면에는 국왕인 찰스 3세가 그려져 있다.

②

㉡ 미국의 돈은 '달러'이고, '$'로 표시한다. 1달러 앞면에는 1대 대통령 워싱턴이 그려져 있다.

③

㉢ 중국의 돈은 '위안'이고 '¥'로 표시한다. 돈 앞면에는 1대 주석인 마오쩌둥이 그려져 있다.

④

㉣ 유럽 연합이 사용하는 돈은 '유로'이고 '€'로 표시한다. 돈 앞면에는 건축물이 그려져 있다.

신비의 생생 경제 팁!

외국에서 쓰고 남은 동전은 어떻게 할까? 방법을 알려 줄게.

❶ 동전을 은행에 가져가면 원래 가치의 절반에 해당하는 우리 돈으로 환전할 수 있어.

❷ 제값으로 환전하고 싶을 때 동전만 바꿔 주는 전용 키오스크를 이용하면 돼.

❸ 비행기 안, 공항, 은행에 비치된 유니세프 돕기 동전함에 기부할 수도 있어.

2
펑펑 쓰는 돈
소비와 가격

경제 - 현명한 소비

구두쇠가 된 두리

하리와 두리는 매주 월요일을 목 빠지게 기다렸어.
일주일어치 용돈을 받는 날이거든.
"엄마, 용돈이 부족해요. 이번 주부터는 용돈 좀 올려 주세요!"
하리가 말하자, 두리도 투덜거렸어.
"저도요! 친구 중에서 제가 용돈을 제일 적게 받아요."
그러자 엄마는 용돈 기입장을 내밀었어.

불필요한 소비란?

잠시 후, 신비와 금비가 찾아와 내기가 벌어졌어.
하리와 두리가 용돈을 계획적으로 쓰기로 했다는
말을 듣고 시작된 내기였지.

하지만 하리는 가은이와 생일 선물을 사러
무인 문구점에 갔다가 계획이 틀어져 버렸어.

결국 하리는 무인 문구점에서 일주일 치 용돈을 다 써 버렸어.
한편 두리에게도 시련이 닥쳤어.
아이스크림 반값 할인 광고판을 보고 만 거야.
두리는 가게 창가에 찰싹 붙어 침을 꼴깍 삼켰어.

"두리야, 왜 그래?"
두리의 눈이 빨갛게 변해 있었어.
신비와 금비가 두리의 몸을 잡고 흔들기 시작했어.
"정신 차리레이! 너, 귀신에게 조종당하고 있데이."
"아껴야 해. 아껴야 해."
두리의 목소리가 괴기스럽게 변하는가 싶더니,
상인 귀신이 모습을 드러냈어.

경제 퀴즈

날 골탕 먹였으니 얌전히 사라질 순 없지.
쓰러진 두리를 깨우려면 아래 문제를 맞혀야 할 거야.

1. 용돈을 잘 쓰는 방법은 뭘까? 순서에 맞게 번호를 써 봐.
   (③ - - -)

   ① 용돈 기입장을 만들어 쓴 돈을 빠짐없이 적는다.

   ② 쓰고 남은 용돈을 저축하기보다 쓰기 전에 저축한다.

   ③ 용돈을 어디에 쓸 건지 얼마큼 쓸 건지 계획해서 예산을 세운다.

   ④ 세운 예산에 따라 썼는지 확인하고 꼭 필요한 소비였는지 생각한다.

2. 물건을 살 때에도 현명한 소비를 해야지. 다음 중 현명한 소비가 아닌 것을 골라 봐.

   ① 나한테 꼭 필요한 물건인지 생각한다.
   ② 물건에 나에게 필요한 기능이 다 있는지 살펴본다.
   ③ 친구가 좋다고 하는 건 반드시 산다.
   ④ 똑같은 물건을 더 싸게 사는 방법이 있는지 찾아본다.

 신비의 생생 경제 팁!

용돈 기입장을 효과적으로 쓰는 방법을 알려 줄게.
쓴 돈의 내용에 만족감이 컸으면 ○, 후회하면 X로 표시해.

날짜	내용	들어온 돈	나간 돈	남은 돈
12월 2일	용돈	5,000원		5,000원
12월 2일	아이스크림 ○		1,000원	4,000원
12월 3일	선물 X		2,000원	2,000원

 이렇게 하면 필요한 곳과 불필요한 곳에 쓴 돈을 구분할 수 있데이.

경제-착한 소비

옆집 할머니를 위한 선물

맑은 공기가 가슴속을 뻥 뚫리게 하는 일요일 아침.
하리와 두리는 아빠와 함께 아침 운동을 하고 오는 길이었어.
"어? 엘리베이터가 고장이네. 두리야, 계단으로 올라가자."
"아빠, 지금껏 운동했는데, 또 한다고요?"
두리는 울상을 지었어.

하리가 뛰어가 보니 옆집 할머니가 계단 밑에 쓰러져 계셨어.
할머니의 손자인 철용이는 놀랐는지 울음을 터뜨렸어.
"할머니가 내려오다가 발을 헛디뎌서 굴러떨어졌어요."
아빠는 급히 119를 불렀어.

며칠 뒤, 할머니는 휠체어를 탄 채 퇴원하셨어.
철용이가 끙끙거리며 휠체어를 밀고 있었지.

기부는 어떻게 해?

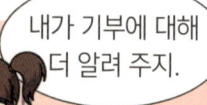
내가 기부에 대해 더 알려 주지.

기부금
어려운 이웃을 위해 직접 돈을 내. 일정 금액을 정기적으로 내서 도와줄 수도 있어.

구매 기부
기부 팔찌처럼 물건을 사면 그 수익금의 일부 혹은 전부가 기부로 쓰여.

재능 기부
노래를 가르치는 등 자신의 재능을 이웃과 나눌 수도 있어.

이웃 어른들이 철용이네에 음식도 가져다주고, 할머니가 외출할 때도 도와주고 계셔.

그런데 기부금까지 내라고 하면 부담스러워 할 수도 있어.

그럼 우리 재미있는 기부를 해 보면 어떨까? 모여 봐.

쏙닥 쏙닥

며칠 뒤, 아파트 마당에 트램펄린이 설치되었어.
아이들은 지폐를 동전으로 바꿔 주머니에 넣고
트램펄린 위에서 신나게 뛰었어.
그러자 동전들이 밖으로 튀어나왔지.

트램펄린을 빌리는 건 하리 아빠가 도와주셨어.
하리와 친구들은 기부 행사 안내를 맡았지.
하리 엄마는 안전을 책임져 주겠다며 순찰을 돌아 주셨어.
"세상에나, 어쩌면 이렇게 재미있는 생각을 했니?"
엄마가 하리와 친구들을 칭찬해 주었어.

경제 퀴즈

어지럽지만 이대로는 못 가지.
아래 퀴즈를 못 맞히면 기부함을 다시 가져가 버릴 거야.

1. 다음 내용을 읽고 어떤 기부인지 초성 글자를 보고 맞혀 봐.

> 사람들에게 근육이 마비되는 루게릭병에 대한 관심을 갖게 하기 위해 시작됐다. 얼음물을 뒤집어쓰는 인증 동영상을 올리고 세 사람을 지목하면, 지목된 사람들도 24시간 이내에 얼음물을 뒤집어쓰는 영상을 올리거나 100달러를 루게릭병 재단에 기부해야 한다.
>
> ㅇㅇㅅ ㅂㅋ 챌린지

2. 착한 소비는 환경과 사회에 미칠 영향을 고려하여 제품이나 서비스를 구매하는 걸 말해. 다음 내용 중 착한 소비가 아닌 걸 찾아봐.

 ① 공정한 임금을 주고 만드는 초콜릿

 ② 어르신들에게 일자리를 제공하는 회사의 연필

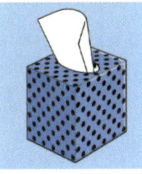 ③ 재생 소재로 만든 화장지

 ④ 어린이들이 재배한 회사의 커피

신비의 생생 경제 팁!

어린이가 할 수 있는 기부를 소개할게.

머리카락 기부
백혈병 아이가 쓸 가발을 만들려면 200명의 머리카락이 필요해. 염색하지 않은 머리카락으로 길이가 25cm 이상이면 가능해.

물건 기부
신발, 책, 옷 등 내가 안 쓰는 물건 중 상태가 좋은 걸 기부 단체에 보내.

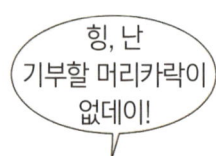

힝, 난 기부할 머리카락이 없데이!

경제-가격

혼란에 빠진 벼룩시장

"휴, 어떡하지?"
하리가 한숨을 쉬자, 가은이가 왜 그러냐고 물었어.
"이번 주 토요일이 강림이 생일인데,
무인 문구점에서 용돈을 다 써 버렸잖아."
"부모님께 사실대로 말씀드리고 다음 주 용돈을 미리 받으면 어때?"
"엄마한테 혼날 거야."
하리는 고개를 설레설레 흔들었어.

하리는 부리나케 집으로 가 벼룩시장에서 팔 물건을 찾아봤어.
창고에는 쓰지도 않으면서 쌓아 둔 물건이 제법 많았어.

드디어 토요일 아침이 되었어.
공원에는 아침 일찍 벼룩시장이 섰어.
하리와 가은이는 자리를 잡고 물건을 진열했어.
그리고 물건마다 적당하다고 생각되는 가격표를 붙여 장사를 시작했지.

사람들이 하나둘 하리의 물건을 보러 모여들었어.
하지만 사람들은 물건을 구경만 하고 사지는 않았어.

장사를 시작한 지 한참이 지났지만, 한 개도 팔지 못했지.
잠시 뒤 하리 아빠와 두리가 벼룩시장에 들렀어.

물건값은 어떻게 정해질까?

하리는 두리와 아빠랑 시장을 둘러보았어.
시장에는 자신이 내놓은 물건을 살 만한 아이들이 많지 않았어.
"수요자는 적고, 우리랑 비슷한 물건을 파는 공급자는 많네요."
"그럴 때는 물건값이 내려간다고 했지?
그럼 물건 가격도 비교해 보렴."
하리는 다른 가게의 줄넘기 가격을 보았어.

하리는 돌아와서 물건값을 내렸어.
그랬더니 가격표만 쓱 보고 지나가던 손님들이 관심을 보였어.

오후가 되자, 아이들 손님이 늘어나고 물건이 좀 더 잘 팔렸어.

그때 이상한 일이 벌어졌어.
"뭐야! 내 돈이 흰 종이로 변했어."
하리는 당황해서 소리를 질렀어.
그런데 돈이 흰 종이로 변한 건 옆 가게도 마찬가지였어.

경제 퀴즈

이대로 갈 수는 없지. 다음 퀴즈를 못 맞히면 돈을 다시 휴지 조각으로 만들어 버리겠다.

1. 기업에서 물건의 가격을 결정할 때 다음 비용을 고려해. 설명에 맞는 비용을 보기에서 골라 빈칸에 써 봐.

   ① ____ 물건을 만들 재료 비용
   ② ____ 물건을 만드는 사람의 비용
   ③ ____ 물건이 만들어지면 공장부터 시장까지 물건을 옮기는 비용
   ④ ____ 제품을 더 많은 사람에게 알리기 위한 비용

   | 보기 |
   인건비   운송비   광고비   재료비

2. 다음 내용을 읽고 가격이 바뀐 이유를 골라 봐.

   두리가 핼러윈 데이를 앞두고 호박 가면을 사러 쇼핑몰에 갔어. 그런데 가게에 진열된 가면 가격이 평소보다 두 배나 올라 있었어. 대체 왜 이렇게 가격이 많이 오른 걸까?

   ① 공급이 늘어나서   ② 수요가 늘어나서

 신비의 생생 경제 팁!

물건을 잘 사려면 어떻게 해야 할지 알려 줄게.

1. 가격을 비교해 봐!
대형 마트, 인터넷 쇼핑몰, 편의점 등에서 같은 물건을 파는 경우가 많아. 꼼꼼하게 가격을 비교한 뒤 사.

2. 1+1 제품 조심!
1개를 더 사면 싸게 살 수 있어. 하지만 자주 쓰는 물건이 아니면 쌓아 두고 안 쓸 수 있으니 주의해야 해.

3
위험에 빠진 신비아파트
금융과 재산

경제-주식

주식의 늪에 빠지다

아이들은 하리네 집에 모였어.
강림이 청자 화분을 만져 보고는 말했어.
"화분에 귀신의 기운이 남아 있어."
현우는 청자 사진을 찍어서 괴담 카페에 올렸어.
"카페 회원 중 한 명이 이 청자를 본 적이 있대.
자기 할아버지가 이 청자를 얻어 온 후로 집안이 폭삭 망했대.
그 뒤로 불길한 마음이 들어 아파트 분리수거장에 버렸다는데…."

아빠가 주식에 대해 설명했어.
"주식은 회사에 투자하고 받은 영수증 같은 거야.
회사가 주식을 발행하지."
"왜요?"

주식을 발행해서 운영하는 회사를 '주식회사'라고 해.

회사가 주식을 발행하는 이유는?

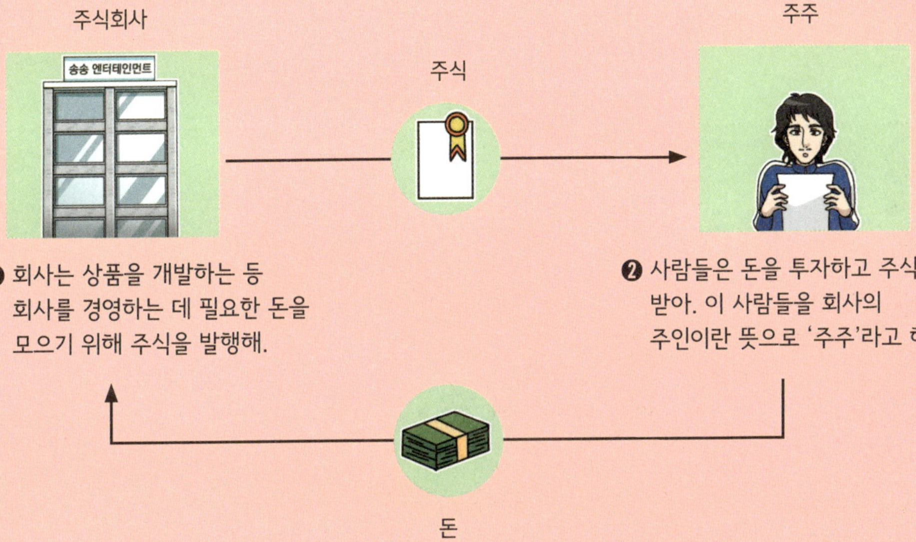

주식회사

주식

주주

❶ 회사는 상품을 개발하는 등 회사를 경영하는 데 필요한 돈을 모으기 위해 주식을 발행해.

❷ 사람들은 돈을 투자하고 주식을 받아. 이 사람들을 회사의 주인이란 뜻으로 '주주'라고 해.

돈

주식으로 어떻게 돈을 벌까?

주식은 투자의 한 방법이야.

회사가 일을 잘해서 돈을 벌면   회사가 일을 못해서 돈을 못 벌면

주식을 사려는 사람이 늘어나서 주식 가격이 올라. 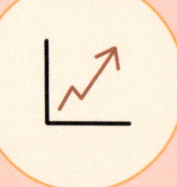 VS  주식을 팔려는 사람이 늘어나서 주식 가격이 떨어져.

이때 주식을 팔면 돈을 벌어. 회사에서 배당금도 받아.   이때 주식을 팔면 손해를 봐. 회사에서 배당금도 받지 못해.

주식을 살 때 어떤 회사인지 신중하게 고민해야겠네요.

역시 이 주식보다 그 주식이 더 맘에 들어.

다들 아빠가 산 주식이 얼마나 올랐는지 궁금했어.
하지만 아빠의 표정이 어두웠어.
"휴, 송송 엔터테인먼트 주식을 샀는데,
벌써 일주일째 가격이 떨어져 손해를 보고 있어."

아빠는 노트북을 들고 방으로 들어갔어.
그리고 걱정스러운 마음에 주식 커뮤니티에 들어가
'주식 초보'라는 닉네임으로 글을 올렸어.

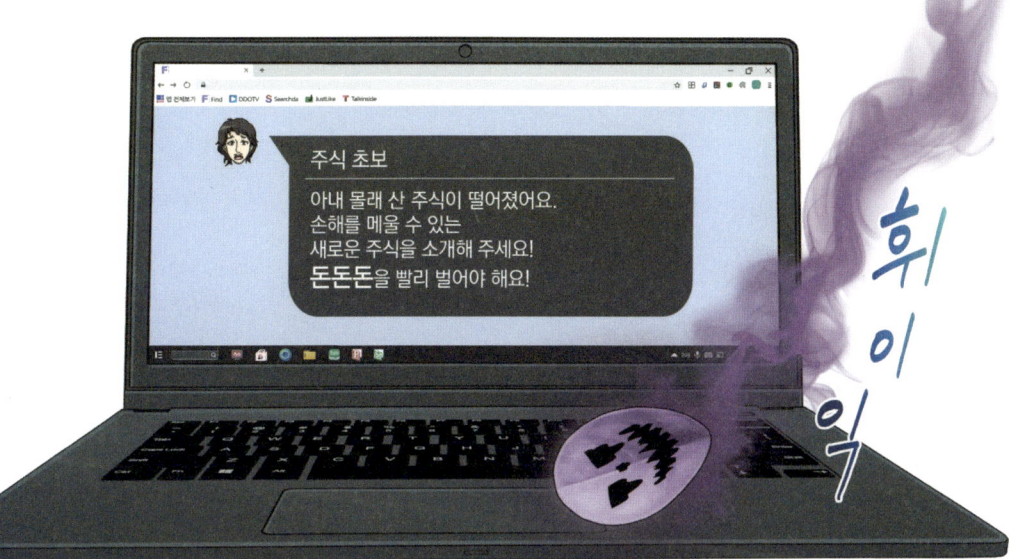

잠시 후 '주식 고수'라는 회원에게 메시지가 날아왔어.

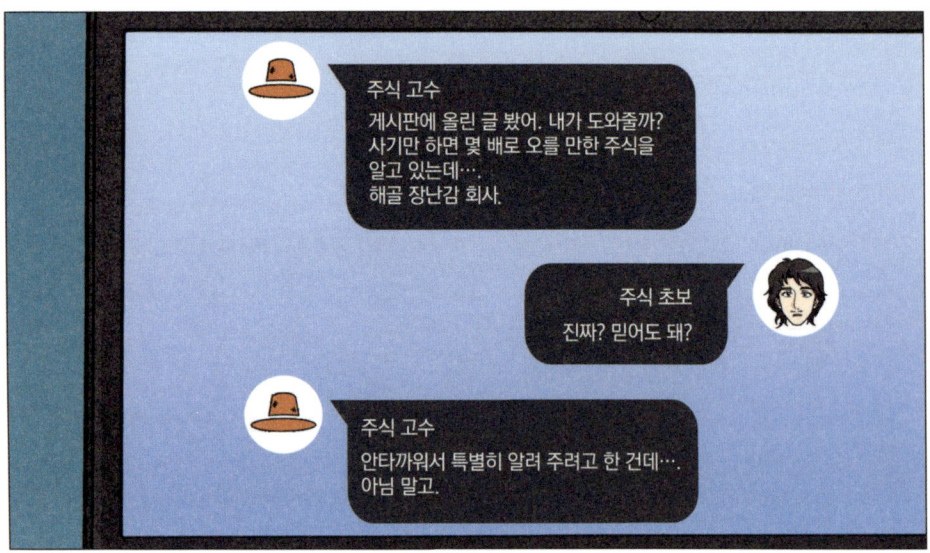

아빠는 주식 고수의 말을 믿고 송송 엔터테인먼트 주식을 팔아서 해골 장난감 회사의 주식을 샀어.
그런데 이게 웬일이야?
주식을 사자마자 주식 가격이 빠르게 올라가는 거야.
그러자 아빠의 표정도 싱글벙글 변했어.

그런데 다음 날, 오르던 주식 가격이 걷잡을 수 없이 곤두박질쳤어.
급기야 처음 주식을 산 가격에서 반 토막 날 지경에 이르렀어.
"망했어! 이러다가는 한 푼도 못 건지겠어.
얼른 주식 고수에게 물어봐야지."
아빠는 주식 고수에게 말을 걸었어.

그 순간 컴퓨터 채팅방에서 검은 연기가 새어 나오며
빨간 얼굴이 나타났어.

상인 귀신은 사나운 표정과 무서운 말투로 소리 질렀어.
"그러게 왜 노력도 하지 않고 쉽게 돈을 벌려고 해!"
상인 귀신이 줄기를 뻗어 오자
아빠가 공포에 질려 비명을 질렀어.

강림은 약해진 상인 귀신을 보며
이번에야말로 녀석을 봉인할 기회라고 생각했어.
강림은 서둘러 부적을 꺼내 들고 외쳤어.

상인 귀신이 몸을 사정없이 흔들자
돈 바람이 폭풍처럼 불기 시작했어.
그러면서 부적도 날아가 버렸어.

경제 퀴즈

아빠가 갖고 있던 송송 주식을 원래대로 되돌리고 싶으면 아래 문제를 맞혀 봐.

주식 용어와 맞는 설명을 이어 봐.

① 주가

㉠ 주식의 가격. 사려는 사람과 팔려는 사람에 따라 가격이 결정된다.

② 증권 거래소

㉡ 주식을 사고파는 주식 시장으로, 정부가 만든 곳이다.

③ 우량주

㉢ 주식을 직접 사고파는 것이 아니라 전문가에게 돈을 주고 투자를 맡기는 상품이다.

④ 펀드

㉣ 수익성이 좋고 경영도 잘 되는 회사의 주식으로 '블루칩'이라고도 한다.

신비의 생생 경제 팁!

너의 투자 성향이 어떤지 알려 줄게.
A와 B 중 어느 쪽에 더 많이 해당되는지 골라 봐.

A
- 평소에 손해 보는 걸 싫어해.
- 내일 무슨 일이 생길지 걱정이 많아.
- 놀이공원의 회전목마처럼 안전한 게 좋아.

B
- 새로운 것에 관심이 많아.
- 모험과 탐구를 좋아해.
- 놀이공원의 롤러코스터처럼 스릴 넘치는 게 좋아.

A가 더 많으면 '안전 투자형'이데이. 위험한 주식 투자보다 안전한 은행에 저축하는 걸 추천!

B가 더 많으면 '모험 투자형'이야. 손해를 보지 않도록 은행과 주식 등으로 분산해서 투자하는 걸 추천!

"도대체 귀신이 어디로 도망간 거야?"
뒤쫓아 온 하리와 아이들은 거리를 두리번거렸어.
그때 길 건너편 은행에서 현우가 나오고 있었어.
아이들이 현우에게 뛰어갔어.

은행에 돈을 맡기면 돈이 어떻게 불어날까?

현우 → 은행: 예금
은행 → 현우: 이자
은행 → 회사: 대출
회사 → 은행: 이자

❶ 현우가 은행에 돈을 맡겨.
❷ 은행은 그 돈을 개인이나 회사에 빌려줘. 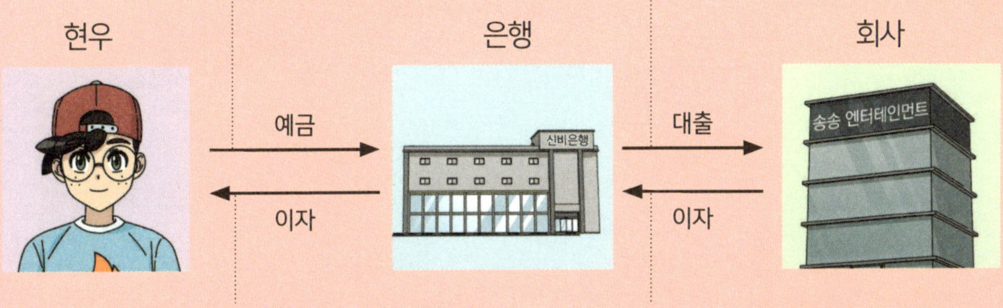
❸ 은행은 돈을 빌려준 개인이나 회사로부터 이자를 받아.
❹ 은행은 이자를 받아 번 돈으로 현우에게 이자를 지급해.

"은행은 고객이 맡긴 돈을 보관만 해 주는 게 아니야. 은행은 돈을 빌려주는 일도 해."

현우는 아이들에게 인터넷 뱅킹으로 계좌를 보여 줬어.

그 순간 충격적인 일이 벌어지고 말았어.
인터넷 뱅킹에서 계좌가 사라진 거야.

아이들은 곧바로 은행으로 뛰어 들어갔어.
이미 은행에는 사람들의 아우성으로 가득 차 있었어.

상인 귀신의 뻔뻔한 대꾸에 강림이 검을 빼어 들었어.
"자기가 당한 걸 아무 관계 없는 사람들한테 복수하다니!
용서할 수 없어!"
하지만 상인 귀신은 동요하지 않고 태평하게 웃으며 약 올렸지.

경제 퀴즈

너희 중에서 가장 경제 지식이 약한 현우가 아래 문제를 풀면 은행 계좌를 되돌려 놓을게.

1. 은행이 하는 업무를 보기에서 골라 괄호 안에 써 봐.

   ① 세금이나 전화 요금 등을 대신 받아 준다. (　　)
   ② 사람이나 기업에 이자를 받고 돈을 빌려준다. (　　)
   ③ 온라인으로 멀리 있는 사람에게 돈을 전달해 준다. (　　)
   ④ 외국 돈을 우리나라 돈으로, 또는 우리나라 돈을 외국 돈으로 바꾸어 준다. (　　)

   | 보기 |　　예금　　대출　　송금　　지로　　환전

2. 예금 종류와 맞는 설명을 선으로 이어 봐.

   ① 보통 예금　•　　　•　㉠ 정해진 기간 동안 매달 일정한 돈을 넣고 기간이 끝나면 한 번에 찾는 예금.

   ② 정기 적금　•　　　•　㉡ 언제든지 돈을 넣을 수도 있고 뺄 수도 있는 예금.

   ③ 정기 예금　•　　　•　㉢ 처음에 큰돈을 한 번에 넣고 정해진 기간이 지난 뒤에 찾는 예금.

신비의 생생 경제 팁!

은행에 가지 않고 은행 업무를 볼 수 있는 방법을 알려 줄게.

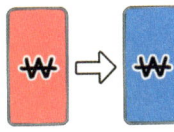

인터넷 뱅킹
돈을 저축하거나 다른 사람에게 돈을 보낼 수 있어.

○○ 페이
은행에서 돈을 찾지 않아도 물건값을 치를 수 있어.

전화로 은행이나 경찰인데 통장 비밀번호를 알려 달라거나 돈을 송금하라고 할 때 절대 들어주면 안 된데이. 보이스 피싱 범죄데이.

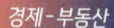
경제 - 부동산

신비아파트를 지켜라!

"내가 그냥 포기할 줄 알아?"
상인 귀신은 신비아파트로 날아들었어.
그때 아파트 앞에서는 주민들이 모여
얼굴을 붉혀 가며 다투고 있었어.

집값이 떨어지면 어쩌려고 커뮤니티에 층간 소음이 심하다는 글을 올려요?

책임져요, 책임져!

안 그래도 귀신 나온다고 소문나서 집도 안 팔리고 빈집이 늘어나고 있다고요.

그럼 사실을 사실대로 말도 못 합니까?

흐흐흐, 사람들이 욕심을 버리지 않는 한 복수할 방법은 많지.

마침 상인 귀신을 쫓아 아파트로 온 아이들은
어른들이 싸우는 걸 보았어.
"어른들은 왜 이렇게 집값에 예민한 거야?"
하리는 너무 궁금했어.

재산의 종류는?

부동산
땅이나 건물, 나무처럼
움직여 옮길 수 없는 재산.

동산
언제든지 돈으로 바꿀 수
있는 재산.

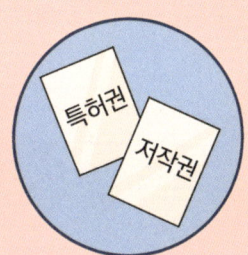

무형 재산
형태는 없지만 수입이
생기는 재산.

그때 상인 귀신의 낄낄거리는 웃음소리와 함께 아이들 머리 위로 아파트 난간이 떨어져 내렸어.
"으악! 금비야, 도와줘!"
하리가 다급히 금비를 소환했어.

그 순간 아파트의 갈라진 벽이며 떨어진 난간이
스르르 제자리로 돌아왔어.
하리가 상인 귀신에게 가까이 다가갔어.

<신비아파트 공부 귀신> 시리즈
다른 책도 읽어 봐!